HÄDECKE

Heiße Schokolade

Heiße Schokolade

Die besten Rezepte

Hannah Miles

Fotos: Steve Painter

Für meinen ganz besonderen Neffen Bowen XXX

Die englische Originalausgabe erschien 2015 unter dem Titel "Hot Chocolate – rich and indulgent winter drinks" bei Ryland, Peters & Small.

www.haedecke-verlag.de und www.mizzis-kuechenblock.de

Fotos: Steve Painter · **Foodstylistin:** Lucy McKelvie
Art Director: Leslie Harrington
Übersetzung aus dem Englischen: Franziska Weyer
Redaktion der deutschen Ausgabe: nvsg
Gestaltung der deutschen Ausgabe: Julia Graff, Hädecke Verlag, unter Verwendung der Nexa, Nexa Slab und Nexa Rust Script (Fontfabric)

Printed in China 2016
4 3 2 1 | 2019 2018 2017 2016
ISBN 978-3-7750-0608-8

Abkürzungen und Hinweise zu den Rezepten

TL › Teelöffel
EL › Esslöffel
geh. › gehäuft
ml › Milliliter (1/1000 Liter)
g › Gramm
cm › Zentimeter

Die Löffelangaben beziehen sich, soweit nicht anders vermerkt, immer auf das gestrichene Maß. Die in den Rezepten verwendeten Eier sind alle Größe M (mittelgroß) und Güteklasse A.
Ältere oder Menschen mit einem geschwächten Immunsystem, Kleinkinder und schwangere Frauen sollten auf den Verzehr von rohen oder nur wenig gegarten Eiern verzichten.
Zitrusfrüchte, deren abgeriebene Schale verwendet wird, sind grundsätzlich ungewachst und aus biologischem Anbau. Die Früchte vor dem Reiben gründlich waschen, gewachste vorher vollständig mit heißem Seifenwasser abbürsten.

Inhalt

Einleitung

Wenn die Tage ungemütlich kalt werden und man sich nach etwas Wärme von innen sehnt, gibt es nichts Besseres, als eine dampfende Tasse heißer Schokolade, garniert mit frischer Schlagsahne.

Heiße Schokolade ist eines der ältesten Getränke der Welt. Schon vor Jahrtausenden wurde sie von Mayas und Azteken getrunken. Ursprünglich aus zerstoßenen Kakaobohnen, Gewürzen und heißem Wasser zubereitet, war heiße Schokolade immer schon beliebt. Im Laufe der Zeit haben sich in verschiedenen Ländern regelrechte Klassiker entwickelt – zum Beispiel die italienische *cioccolata densa*, die so dick und sämig ist, dass fast der Löffel darin stehen bleibt, oder die *Wiener Schokolade*, die mit Eigelb legiert wird. Selbst wenn es heute in den Regalen jedes Supermarktes eine Riesenauswahl fertiger Trinkkakaopulver gibt, mit einem selbst gemachten Getränk aus geraspelter Schokolade ist so ein Kakao nicht zu vergleichen. Für die hier vorgestellten Ideen werden weiße, dunkle und Milchschokolade verwendet, so dass Sie Ihre ganz persönliche Lieblingsmischung finden können.

Wer den unverfälschten Geschmack liebt, kommt bei den internationalen Klassikern auf seine Kosten, z. B. mit Rezepten für *französische heiße Schokolade mit Vanille*, für heiße *afrikanische Schokolade*, zu der mich das Pariser Café Angelina inspiriert hat, oder für verführerisch dickflüssige *Mokka-Schokolade*.

Im Kapitel »Candy und Cakes« wird heiße Schokolade z. B. mit Toffee und getrockneten Äpfeln kombiniert, mit zerstoßenen knusprigen Schokokugeln, mit den in USA so beliebten geschmolzenen Marshmallows oder mit zerbröselten Vollkornkeksen, die den Rand des Glases zieren.

Zum Genuss am Kamin laden Rezepte ein, die Schokolade mit unterschiedlichen Gewürzen und alkoholischen Getränken kombinieren. Hier findet sich mein Lieblingsrezept *La Bomba* – eine heiße Schokolade, die ich schon viele Male auf Mallorca getrunken habe. Ebenso raffiniert gewürzt ist die heiße weiße *Chai-Schokolade* mit Kardamom, Zimt und Muskatnuss,die ich wärmstens empfehlen kann.

Für besonders feierliche Anlässe, z. B. für die Weihnachtsfeiertage, dürfen es auch mal besondere Getränke sein. Daher habe ich im Schlusskapitel heiße Schokolade mit Lebkuchengewürzen, Eierlikör und Pfefferminz-Zuckerstangen kombiniert.

Egal, welcher Schokolade Ihre heimliche Leidenschaft gilt, von cremiger weißer bis hin zu dunkler Schokolade mit einem hohen Kakaoanteil – das Buch bietet für alle Sorten eine abwechslungsreiche Auswahl köstlicher heißer Getränke.

Internationale Klassiker

Französische weiße Schokolade mit Vanille

Diese klassische heiße Schokolade aus weißer Schokolade wird mit Vanille und Pistaziensplittern veredelt. Sie gehört zu meinen Lieblingskombinationen, vor allem, weil ich das Ganze noch mit einem Klecks Marshmallowcreme kröne. Wegen der gehaltvollen Zutaten verwende ich fettarme Milch, aber Sie können stattdessen auch Vollmilch oder eine Mischung aus Vollmilch und Sahne verwenden – ganz nach Geschmack.

1 Vanillestange
500 ml Milch
100 g weiße Schokolade, klein gehackt

GARNITUR
2 geh. EL Marshmallowcreme (z. B. *Fluff*) oder frische Schlagsahne, nach Geschmack
Pistazienkerne, fein gehackt

für 2 Portionen

Vanillestange längs aufschneiden und Mark herauskratzen. Dazu beide Hälften mit einem Messerrücken ausstreichen.

In einem Stieltopf Milch mit Schokolade und Vanillemark unter ständigem Rühren sanft erhitzen, bis die Schokolade ganz geschmolzen ist.

Heiße Schokolade auf zwei Tassen aufteilen und jeweils mit einem großzügigen Löffel Marshmallowcreme garnieren. Pistaziensplitter darüberstreuen und sofort servieren.

Wiener Schokolade

Wien ist das Eldorado schlechthin für alle Liebhaber von Torten und heißer Schokolade. Vor einigen Jahren verbrachte ich mit meiner Freundin Maren ein Wochenende in Wien und habe in 48 Stunden mehr heiße Schokolade getrunken, als ich es je für möglich gehalten hätte. Im Kaffeehaus Demel, meinem Lieblingscafé, serviert man heiße Schokolade auf traditionell österreichische Art mit Eigelb. Das Rezept ist meine Interpretation dieses himmlischen Getränks.

125 ml Milch
125 ml Sahne
100 g dunkle Schokolade (mind. 70 % Kakaoanteil), klein gehackt
1 EL Zucker
1 Eigelb, verquirlt

für 2 Portionen

In einem Stieltopf Milch und Sahne mit Schokolade und Zucker sanft erhitzen. Dabei unablässig mit einem Schneebesen rühren, bis die Schokolade vollständig geschmolzen und die Flüssigkeit dick und sirupartig ist.

Topf vom Herd ziehen und wenige Minuten abkühlen lassen. Eigelb mit dem Schneebesen einrühren, damit die heiße Schokolade noch dickflüssiger wird.

Wieder zurück auf den Herd stellen und so lange mit dem Schneebesen aufschlagen, bis das Getränk wieder richtig heiß ist. Heiße Schokolade durch ein Sieb in zwei Tassen abgießen und sofort servieren.

Afrikanische Schokolade

In Paris befindet sich in der Rue de Rivoli eine kleine, absolut einmalige Patisserie mit angeschlossenem Café. Das Angelina ist immer meine erste Anlaufstelle, wenn ich die französische Hauptstadt besuche. Außer den köstlichen Kuchen kann man dort eine unglaublich leckere heiße Schokolade genießen. Wenn Sie sich so richtig verwöhnen wollen und gerade keine Zeit für einen Ausflug nach Paris haben, kochen Sie meine Version ganz einfach zu Hause nach.

250 ml Milch
200 ml Sahne
100 g dunkle Schokolade (85 % Kakaoanteil), klein gehackt
2 EL Puderzucker, gesiebt
½ TL Kakaonibs/Kakaobohnensplitter (optional)
1 Prise echtes Vanillepulver oder ½ TL natürlicher Vanilleextrakt

für 2 Portionen

In einem Stieltopf Milch, 50 ml Sahne, Schokolade und 1 EL Puderzucker mit den Kakaonibs sanft erhitzen. Dabei unablässig mit einem Schneebesen rühren, bis die Schokolade vollständig geschmolzen und die Flüssigkeit dick und sirupartig ist.

Ich lasse die Kakaonibs gerne in der heißen Schokolade. Aber wer das Getränk lieber ohne Stückchen mag, gießt es vor dem Genuss durch ein feinmaschiges Sieb ab.

Restliche Sahne mit dem übrigen Puderzucker und Vanille steif schlagen.

Heiße Schokolade auf zwei Tassen verteilen und jeweils einen Löffel Schlagsahne als Haube darauf geben.
Wer es nicht so süß mag, verzichtet einfach auf den Puderzucker in der Schlagsahne.

Italienische cioccolata densa

Die klassische italienische heiße Schokolade ist so sämig, dass ein Löffel beinah darin stehen kann und sie schon fast an eine Ganache erinnert. Diese sehr verführerische und reichhaltige heiße Schokolade sollte in kleinen Mokkatassen serviert werden und kann sogar ein Dessert ersetzen, wenn man kleine italienische Plätzchen zum Dippen dazu reicht.

2 TL Maisstärke, durchgesiebt
200 ml Vollmilch
100 g Milchschokolade, klein gehackt
200 ml Sahne
1 EL Puderzucker

für 2 Portionen

Maisstärke mit wenig Milch zur einer glatte Paste ohne Klümpchen verrühren und beiseitestellen.

Schokolade, restliche Milch und Sahne in einem Stieltopf sanft erhitzen. Dabei ständig mit einem Schneebesen rühren, bis die Schokolade ganz geschmolzen ist.

Puderzucker und angerührte Maisstärke hinzufügen und mit dem Schneebesen so lange unterrühren, bis die heiße Schokolade nahezu puddingähnlich wird. Falls dabei Klümpchen entstehen, einfach vor dem Servieren durch ein feines Sieb abgießen.

Heiße Schokolade auf zwei Tassen verteilen und sofort mit kleinen Löffeln servieren.

Weiße Schokolade mit Salzkaramell

Diese sehr cremige heiße Schokolade mit Karamellaroma ist perfekt für einen kalten Wintertag. Wenn Sie vor dem Eingießen den Karamell spiralförmig in den hitzebeständigen Gläsern verteilen, ergibt das einen schönen Kontrast zur hellen Flüssigkeit. Ich verwende hier meist fettarme Milch, da die heiße Schokolade ja noch mit Karamellsahne garniert wird. Doch wer gerne in die Vollen geht, kann die fettarme Milch durch Vollmilch und Sahne ersetzen. Wer keine Salzkaramellsauce findet, mischt einfach eine Prise Salz unter eine normale Karamellsauce.

4 EL Salzkaramellsauce
100 g weiße Schokolade, klein gehackt
500 ml Milch, evtl. fettarm
200 ml Sahne

1 Spritzbeutel mit kleiner Lochtülle
1 Spritzbeutel mit offener Sterntülle

für 2 Portionen

Von der Karamellsauce 1 EL in einen Spritzbeutel mit kleiner Lochtülle geben und dekorative spiralförmige Kringel in zwei hitzebeständige Gläser spritzen. Gläser und Spritzbeutel mit dem Karamellsaucenrest beiseitestellen.

Schokolade mit Milch und 2 EL Karamellsauce in einem Stieltopf erhitzen. Dabei unablässig mit einem Schneebesen rühren, bis die Schokolade geschmolzen ist. Topf vom Herd nehmen.

Sahne mit dem verbliebenen Löffel Karamellsauce steif schlagen. In den Spritzbeutel mit der Sterntülle füllen.

Schokolade erneut sanft erhitzen und in die beiden vorbereiteten Gläser gießen. Mit dem Spritzbeutel jeweils eine Sahnehaube aufspritzen, mit der restlichen Karamellsauce aus dem ersten Spritzbeutel beträufeln und sofort servieren.

Mokka-Schokolade

Das richtige Getränk für all jene, die noch zusätzlich einen kleinen Koffeinschub benötigen, denn hier wird verführerische heiße Schokolade mit Espresso und üppiger Kaffeesahne serviert. Aus diesen drei Komponenten kann sich jeder seine Lieblingsmischung für den ultimativen Start in den Tag zusammenstellen.

250 ml Milch
100 g dunkle Schokolade (85 % Kakaoanteil), klein gehackt
2 EL Puderzucker, gesiebt
125 ml Sahne
1 TL Kaffeeextrakt
2 Espressi, frisch gebrüht

für 2 Portionen

Milch mit Schokolade und 1 EL Puderzucker sanft in einem Stieltopf erhitzen. Dabei unablässig mit einem Schneebesen rühren, bis die Schokolade vollständig geschmolzen und die Flüssigkeit dick und sirupartig ist.

Sahne, Kaffeeextrakt und restlichen Puderzucker steif schlagen.

Heiße Schokolade auf zwei Becher verteilen. Espressi und Kaffeesahne dazu reichen, damit sich jeder seine heiße Mokka-Schokolade ganz nach persönlichem Geschmack mischen kann.

Schokolade mit Meersalz

Diese sämige heiße Schokolade ist eine gelungene Mischung aus süßen und salzigen Geschmacksnuancen. Wählen Sie dafür Ihre Lieblingsschokolade, egal ob weiß, Vollmilch oder dunkel, und passen Sie die Salzmenge Ihrem persönlichen Geschmack an. Als Variation kann man hier auch Karamellschokolade verwenden oder einen Löffel Salzkaramellsauce mit der Milch und der Schokolade erhitzen. Zum Dippen Cantuccini, das leckere Mandelgebäck aus der Toskana, dazu reichen.

250 ml Milch
250 ml Sahne
100 g dunkle Schokolade (70 % Kakaoanteil), klein gehackt
1 EL Zucker
ca. ½ TL Salz (Menge nach Geschmack)
1 Eigelb

für 2 Portionen

In einem Stieltopf Milch, Sahne und Schokolade mit Zucker und Salz sanft erhitzen. Dabei unablässig mit einem Schneebesen rühren, bis die Schokolade vollständig geschmolzen ist.

Abschmecken und eventuell noch etwas Salz hinzufügen. Topf vom Herd nehmen und zum Andicken das Eigelb mit dem Schneebesen unterrühren.

Heiße Schokolade durch ein Sieb in zwei Becher abgießen und sofort servieren.

Candy & Cakes

Heiße Malz-Schokolade

Malzgetränke werden oft als besonders wohltuend empfunden, daher bereite ich diese heiße Schokolade immer dann zu, wenn ich mir etwas Gutes tun möchte. Ich gehe großzügig mit dem Malzgetränkpulver um, damit die heiße Schokolade schön sämig wird. Wer sein Getränk lieber etwas flüssiger mag, verwendet einen Löffel weniger. Als kleine Extra-Belohnung kann man die heiße Schokolade mit etwas Schlagsahne und zerstoßenen Schokokugeln mit knusprigem Malzkern garnieren.

100 g Milchschokolade, klein gehackt
250 ml Milch
450 ml Sahne
3 EL Malzgetränkpulver (z. B. *Ovomaltine*)

GARNITUR

Schokoladenkugeln mit knusprigem Malzkern (z. B. *Maltesers* oder *Whoppers*), grob zerstoßen

für 2 Portionen

Schokolade über dem heißen Wasserbad schmelzen.

In einem Stieltopf Milch und 250 ml Sahne sanft bis zum Siedepunkt erhitzen. Unter ständigem Rühren geschmolzene Schokolade und Malzgetränkpulver mit der Flüssigkeit gründlich vermengen und die heiße Schokolade in zwei Becher füllen.

Restliche Sahne steif schlagen und beide Becher jeweils mit einem großen Löffel Schlagsahne garnieren. Einige Schokomalzkugelsplitter darüberstreuen und sofort servieren.

Kokos-Schokolade

Diese mit Rum und Kokos aromatisierte heiße Schokolade bringt Ihnen an einem kalten Wintertag die Tropen ein wenig näher. Ich garniere die Tassen gerne mit langen, leicht angerösteten Kokosstreifen. Für Kinder dann einfach den Rum weglassen.

1 EL lange Kokosnussstreifen (alternativ: Kokoschips)
100 g Milchschokolade, klein gehackt
250 ml Milch
250 ml Sahne
160 ml Kokoscreme
5 EL Kokosrum (Rum mit Kokosaroma)

GARNITUR
frische Schlagsahne

für 2 Portionen

Kokosstreifen ohne Zugabe von Fett in einer kleinen Pfanne goldbraun rösten, darauf achten, dass sie nicht verbrennen. Sobald sie anfangen, Farbe anzunehmen, am besten aus der Pfanne auf einen Teller geben, damit ihnen die Pfannenhitze nichts mehr anhaben kann.

Schokolade über dem heißen Wasserbad schmelzen.

In einem Stieltopf geschmolzene Schokolade mit Milch, Sahne und Kokoscreme sanft bis zum Siedepunkt erhitzen. Dabei unablässig mit einem Schneebesen rühren. Topf vom Herd nehmen und erst dann den Rum unterrühren (damit der Alkohol nicht verfliegt).

Heiße Schokolade in zwei Tassen füllen. Jeweils eine Sahnehaube darauf setzen und mit gerösteten Kokosstreifen bestreut servieren.

Boston Cream

Ich habe diese heiße Schokolade meiner kleinen, elfjährigen Freundin Poppy serviert, die mir mit Marshmallowcreme verschmiertem Gesicht erklärt hat, dass sie noch nie etwas Köstlicheres getrunken habe. Zu der mit Schokospiralen marmorierten Marshmallowhaube hat mich der bekannte »Boston Cream Pie« inspiriert.

150 g Milchschokolade, klein gehackt
250 ml Milch
1 TL Vanillemark oder Vanilleextrakt
2 geh. EL Marshmallowcreme (z. B. *Fluff*)

1 Spritzbeutel mit kleiner Lochtülle

für 2 Portionen

Schokolade über dem heißen Wasserbad schmelzen. Zwei Drittel davon in einem Stieltopf mit Milch und Vanille sanft erhitzen. Dabei ständig mit einem Schneebesen rühren.

Heiße Schokolade auf zwei Tassen verteilen und mit einem großen Löffel Marshmallowcreme garnieren. Kurz warten, bis der Schaum geschmolzen ist, um ihn glattstreichen zu können.

Restliche geschmolzene Schokolade in einen Spritzbeutel geben. Von der Mitte aus jeweils eine Schokoladenspirale auf die Marshmallowcreme spritzen.

Mit einem spitzen Messer aus der Mitte feine Linien durch die Schokospiralen nach außen ziehen und die heiße Schokolade sofort servieren.

Red Velvet Hot Chocolate

Der »Red Velvet Cake«, ein roter Samtkuchen mit Schokoladenaroma, ist in Nordamerika ausgesprochen beliebt. Für ihn werden fast die gleichen Zutaten verwendet wie für dieses Rezept. Um gleichzeitig heiß und kalt zu genießen, kann man auch eine Kugel Vanilleeis dazugeben.

500 ml Milch
100 g Milchschokolade, klein gehackt
1 EL ungesüßtes Kakaopulver zum Backen, durchgesiebt
rote Lebensmittelfarbe

GARNITUR
2 Kugeln Vanilleeis
roter Dekorzucker

für 2 Portionen

In einem Stieltopf Milch, Schokolade und Kakaopulver unter ständigem Rühren mit einem Schneebesen so lange erhitzen, bis die Schokolade geschmolzen ist.

Ein paar Tropfen rote Lebensmittelfarbe unterrühren, damit das Getränk eine rotbraune Farbe bekommt.

Heiße Schokolade auf zwei Becher verteilen und jeweils eine Kugel Vanilleeis dazugeben. Nach Geschmack rote Zuckerkristalle darüberstreuen und sofort servieren. Löffel für das Eis dazu reichen.

S'mores heiße Schokolade

Eine Reminiszenz an die in USA so bekannte Lagerfeuer-Leckerei »S'mores« ("some mores"), für die Marshmallows gegrillt und dann wie bei einem Sandwich zwischen eine Schicht Grahamcracker und Schokolade gelegt werden. Spätestens nach dem Probieren versteht man, warum das Rezept »noch mehr« heißt. Ich röste die Marshmallows mit einem kleinen Flambierbrenner.

100 g Milchschokolade, klein gehackt
2 Vollkorn- oder Haferkekse
250 ml Milch
250 ml Sahne
2 Riesen-Marshmallows

1 Flambierbrenner
2 Fonduegabeln

für 2 Portionen

Für die Verzierung der hitzebeständigen Gläser Schokolade über dem heißen Wasserbad schmelzen. Vollkornkekse in einen Gefrierbeutel füllen und mit einer Teigrolle darüber fahren, so dass feine Krümel entstehen. Diese auf einen flachen Teller geben.

Glasränder vorsichtig in die flüssige Schokolade tauchen, danach in die Kekskrümel auf dem Teller stippen und beiseitestellen.

Restliche geschmolzene Schokolade mit Milch und Sahne in einem Stieltopf unter ständigem Rühren mit einem Schneebesen sanft erhitzen. Heiße Schokolade vorsichtig in die Gläser gießen, ohne dabei die dekorierten Glasränder zu beschädigen (evtl. einen Trichter zur Hilfe nehmen).

Marshmallows auf Fonduegabeln spießen und mit dem Flambierbrenner solange rösten, bis sie außen leicht karamellisieren und innen schmelzen. Geröstete Marshmallows als Haube auf die heiße Schokolade geben und sofort servieren.

Türkische Schokolade

Eine heiße Schokolade mit den betörenden Aromen des Vorderen Orients. Dank der hübschen Garnitur aus kandierten Rosenblättern und Lokum (einer klebrigen Süßigkeit auf Basis von Fruchtsirup) ist dies genau das richtige Getränk für einen süßen Abend zu zweit. Da ich hier dunkle Schokolade verwende, richtet sich die Zuckermenge nach Ihrem persönlichen Geschmack.

100 g dunkle Schokolade (85 % Kakaoanteil), klein gehackt
350 ml Milch
350 ml Sahne
ca. 1 EL Zucker
2 TL Rosenblütenwasser oder Rosensirup

GARNITUR

4 Würfel Lokum, in Rosa und Rot
kandierte Rosenblätter (optional)

1 Spritzbeutel mit offener Sterntülle

für 2 Portionen

Schokolade mit Milch, 150 ml Sahne, Zucker und 1 TL Rosenblütenwasser oder Rosensirup in einem Stieltopf sanft erhitzen. Dabei ständig mit einem Schneebesen rühren, bis die Schokolade geschmolzen ist, dann den Topf vom Herd nehmen.

Restliche Sahne für die Garnitur mit dem übrigen Rosenblütenwasser steif schlagen und in den Spritzbeutel füllen. Zwei der Lokumwürfel klein hacken.

Schokolade erneut kurz erhitzen und in zwei hitzebeständige Gläser oder Tassen füllen. Je einen Würfel Lokum hineingeben, eine Sahnehaube darüberspritzen und mit gehacktem Lokum bestreuen. Nach Geschmack mit kandierten Rosenblättern garnieren und sofort servieren.

Weiße Schokolade mit Amaretto und kandierten Kirschen

Eine verführerische heiße Schokolade, die nach Amaretto duftet und dank des Kirschdekors so hübsch aussieht, dass man sie auch jederzeit als Dessert servieren kann.

100 g weiße Schokolade, klein gehackt
500 ml Milch
1 TL Mandelextrakt
4–5 EL Amaretto oder ein anderer Likör mit Bittermandelaroma

GARNITUR
150 ml Sahne
Kirschsirup
2 Cocktail- oder Amarenakirschen

1 Spritzbeutel mit offener Sterntülle

für 2 Portionen

In einem Stieltopf Schokolade, Milch und Mandelextrakt unter ständigem Rühren mit einem Schneebesen sanft erhitzen, bis die Schokolade ganz geschmolzen ist. Topf vom Herd nehmen und erst dann den Amaretto unterrühren (so verfliegt weniger Alkohol).

Sahne steif schlagen und in den Spritzbeutel füllen

Heiße Schokolade in zwei Tassen füllen. Eine Sahnehaube aufspritzen, etwas Kirschsirup darüberträufeln, je eine kandierte Kirsche daraufsetzen (nicht zu viel Kirschsirup verwenden, da sonst Milch und Sahne sauer werden könnten). Sofort servieren.

Apfel-Schokolade

Eine Erinnerung an die Paradiesäpfel, die wir als Kinder auf der Kirmes gegessen haben. Für einen intensiven Geschmack den Karamell so dunkel wie möglich werden lassen.

1 roter Apfel
½ Zitrone, frisch gepresster Saft
1 TL Zimtpulver
100 g Zucker
500 ml Milch
40 g weiße Schokolade, klein gehackt
4 EL Apfelkorn (optional)

GARNITUR

frische Schlagsahne
Dulce de leche (lateinamerikanische Milchkonfitüre), alternativ: Confiture de lait oder Sahnekaramellsauce

1 Backblech, mit Backpapier oder Silikonbackmatte ausgelegt

für 2 Portionen

Backofen auf 140 °C vorheizen. Ungeschälten Apfel mit einem scharfen Messer oder einer Mandoline in sehr dünne Scheiben schneiden, sofort durch Zitronensaft ziehen, damit sie nicht braun werden. Apfelscheiben mit ein wenig Zimt bestäuben, auf einem Gitterrost verteilen und ein bis zwei Stunden im Backofen trocknen, bis sie nur noch in der Mitte etwas weich sind. (Nicht benötigte Apfelscheiben luftdicht verschlossen als Snack aufbewahren.)

Zucker in einem Stieltopf sanft erhitzen, bis er schmilzt. Nicht umrühren, lediglich den Topf schwenken, um zu verhindern, dass der Zucker anbrennt. Topf vom Herd nehmen und die vier schönsten Apfelscheiben einzeln mithilfe einer Zange (Vorsicht: sehr heiß!) zur Hälfte in den Karamell tauchen. Karamellisierte Apfelscheiben auf einem Backblech ausbreiten und trocknen lassen.

Milch zum karamellisierten Zucker in den Topf gießen. Eventuell ist der Karamell in der Zwischenzeit fest geworden, aber beim Erhitzen schmilzt er wieder. Schokolade mit einem Schneebesen unterrühren, bis sie ganz geschmolzen ist. Topf wieder vom Herd nehmen und Apfelkorn unterrühren (nicht mehr erhitzen, da sonst die Milch gerinnen könnte).

Heiße Schokolade in zwei Tassen füllen, mit etwas Schlagsahne garnieren und ein wenig Dulce de leche darüberträufeln. Ein bis zwei karamellisierte Apfelscheiben auf den Tassenrand legen und sofort servieren.

Am Kamin

Clementinen-Schokolade mit Zimt

Wenn ich ein bestimmtes Aroma mit Weihnachten verbinde, dann ist es jenes einfacher Clementinen, die ich als Kind immer ganz unten in meinen Weihnachtsstrümpfen gefunden habe. Der eher herbe Geschmack dunkler Schokolade wird hier mit selbst gemachtem Clementinensirup versüßt. Wer Clementinen übrig hat, kann ruhig etwas mehr Sirup zubereiten, denn mit Sekt, Prosecco oder Champagner lässt sich daraus ein festlicher Cocktail zaubern.

2 EL Zucker
2 unbehandelte Bio-Clementinen, Schalenabrieb und frisch gepresster Saft
2 lange Zimtstangen
½ TL Zimtpulver
500 ml Milch
100 g dunkle Schokolade (85 % Kakaoanteil), klein gehackt

GARNITUR
Mini-Marshmallows oder Schlagsahne
ungesüßtes Kakaopulver zum Backen

für 2 Portionen

Für den Sirup in einem Stieltopf Zucker, Schalenabrieb und Saft sanft erhitzen, bis sich der Zucker vollständig aufgelöst hat und die Flüssigkeit eine sirupartige Konsistenz bekommt.

Zimtstangen und -pulver, Milch und Schokolade dazugeben und mit einem Schneebesen so lange rühren, bis die Schokolade ganz geschmolzen ist. Zimtstangen herausnehmen und abspülen.

Heiße Schokolade in zwei hitzebeständige Gläser füllen und jeweils mit einer Schicht Mini-Marshmallows oder Schlagsahne garnieren. Etwas Kakaopulver darüberstreuen und eine Zimtstange zum Umrühren in jedes Glas geben. Sofort servieren.

Schokolade mit Cherry Brandy

Verführerisch und nur für Erwachsene, denn etwas Cherry Brandy sorgt hier für den besonderen Kick. Mit der Garnitur aus Maraschinokirschen erinnert diese heiße Schokolade im Retrolook an Cocktails aus den 1920er-Jahren.

100 g Milchschokolade, klein gehackt
1 EL Puderzucker
250 ml Milch
250 ml Sahne
5 EL Cherry Brandy oder Kirschlikör
2 EL Sauerkirschgrütze oder Kirschkompott

GARNITUR

6 Maraschinokirschen
2 kleine Holzspieße
frische Schlagsahne

für 2 Portionen

In einem Stieltopf Schokolade und Zucker mit Milch und Sahne sanft erhitzen. Dabei unablässig rühren, bis die Schokolade vollständig geschmolzen ist. Topf erst vom Herd nehmen, dann den Likör unterrühren (damit nicht so viel Alkohol verfliegt).

Je einen Esslöffel Sauerkirschgrütze in ein hitzebeständiges Glas geben. Vorsichtig heiße Schokolade darübergießen. Je drei kandierte Kirschen auf einen Holzspieß auffädeln (den Spieß eventuell so kürzen, dass er etwa 6 cm länger als das Glas ist).

Einen Kirschspieß in jedes Glas geben und nach Geschmack etwas Schlagsahne dazu reichen. Heiße Schokolade mit einem Löffel servieren, damit man zum Schluss die warme Kirschgrütze aus dem Glas löffeln kann.

Weiße Chai-Schokolade

Chai – der asiatische Name für ein Teegetränk mit Milch – wird besonders in Indien mit Gewürzen wie Zimt und Kardamom zubereitet. Dieser Tee wird dort als Masala Chai bezeichnet. Dabei variieren die Gewürzmischungen nicht nur regional: Häufig hat jede Familie ihr eigenes Chai-Masala-Rezept. Ich verwende dieses köstliche Teegewürz als Basis für heiße weiße Schokolade, die zusätzlich mit etwas Rosenblütenwasser aromatisiert wird. Sie schmeckt nicht nur heiß; eisgekühlt ist sie im Sommer ein leckerer Milchshake.

12 grüne Kardamomkapseln
1 TL Zucker
1 Zimtstange
Muskatnuss, frisch gerieben
500 ml Milch
1 TL Rosenblütenwasser
oder Rosensirup
100 g weiße Schokolade,
klein gehackt

1 Mörser

für 2 Portionen

Zwei Kardamomkapseln öffnen, die schwarzen Samen entnehmen und mit Zucker im Mörser zu einem feinen Pulver zermahlen.

In einem Stieltopf den Kardamomzucker mit den restlichen Kapseln, der Zimtstange, einer Prise Muskat und der Milch langsam bis zum Siedepunkt erhitzen. Topf vom Herd nehmen, Gewürze in der Milch 15–20 Minuten ziehen lassen, dann Kardamomkapseln und Zimtstange entfernen.

Rosenblütenwasser und Schokolade dazugeben, erneut erhitzen und so lange mit einem Schneebesen rühren, bis die Schokolade geschmolzen ist.

Heiße Schokolade in zwei hitzebeständige Gläser füllen, etwas Muskatnuss darüberreiben und sofort servieren.

Irish Dream

An stürmischen Tagen wärmt irischer Sahnelikör Körper und Seele. Und so passt dieser Likör auf Whiskeybasis natürlich hervorragend zu heißer Schokolade. Als ob das noch nicht ausreichend wäre, wird die heiße Schokolade in diesem Rezept noch mit Schlagsahne, Karamellsauce und weißen Schokospänen garniert.

100 g weiße Schokolade oder Kuvertüre, zimmerwarm
450 ml Sahne
250 ml Milch
100 ml irischer Whiskeysahnelikör
Karamellsauce

1 Kartoffelschäler oder grobe Küchenreibe

für 2 Portionen

Mit dem Schäler von der Schokolade ein paar Späne abhobeln. Die Schokolade sollte dafür Raumtemperatur haben, da die dünnen Schokostreifen sonst leicht brechen können. Schokospäne bis zum Garnieren der heißen Schokolade im Kühlschrank aufbewahren. Alternativ die Schokolade einfach reiben.

Restliche Schokolade klein hacken und in einem Stieltopf mit 250 ml Sahne und Milch sanft erhitzen. Dabei ständig mit einem Schneebesen rühren, bis die Schokolade ganz geschmolzen ist.

Topf vom Herd nehmen, erst dann den Sahnelikör zugießen (vorher würde der Alkohol zu schnell verfliegen – das kann ich hier keinesfalls empfehlen). Restliche Sahne mit Karamellsauce steif schlagen.

Heiße Schokolade in zwei Becher oder hitzebeständige Gläser gießen, jeweils eine Haube aus Karamellsahne daraufsetzen. Nach Geschmack noch zusätzlich Karamellsauce darüberträufeln, Schokospäne darauf streuen und sofort servieren.

La Bomba

Mit diesem Getränk fühle ich mich jedes Mal in meine Jugend zurückversetzt. Meine wundervollen Großeltern Dennis und Majorie machten jedes Jahr im Mai Urlaub in Camp de Mar auf Mallorca. 17-mal hintereinander übernachteten sie dort im gleichen Hotel und waren natürlich bestens bekannt. Allabendlich kehrten sie in Pepes Bar ein und tranken dort La Bomba – eine herrliche heiße Schokolade mit Rum. Wer's gerne authentisch mag, serviert frische Churros dazu, ein in Fett ausgebackenes spanisches Spritzgebäck.

100 g dunkle Schokolade
1 EL Puderzucker
500 ml Milch
200 ml Sahne
40–50 ml dunkler Rum

1 Spritzbeutel mit offener Sterntülle

für 2 Portionen

In einem Stieltopf Schokolade mit Zucker und Milch langsam erhitzen. Dabei unablässig mit dem Schneebesen rühren, bis die Schokolade geschmolzen ist.

Sahne mit 2 EL Rum steif schlagen und in den Spritzbeutel füllen.

Heiße Schokolade in zwei Becher oder hitzebeständige Gläser gießen, aber nicht ganz bis zum Rand füllen, damit noch etwas Platz für den Rum bleibt. Rumsahne als Haube aufspritzen.

Heiße Schokolade sofort servieren und je ein Schnapsglas Rum dazu reichen. Rum in die heiße Schokolade gießen und das köstliche Getränk genießen.

Bourbon-Schokolade mit Ahornsirup und Pekannüssen

Wenn Erwachsene einen Winterspaziergang machen und ihre Thermoskanne mit heißer Schokolade füllen wollen, dann bietet dieses Rezept eine gehaltvolle Alternative, denn der Bourbon verbreitet wohlige Wärme bis in die Zehenspitzen.

50 g feiner Zucker
3 EL Pekannusshälften
100 g Milchschokolade, klein gehackt
250 ml Sahne
250 ml Milch
100 ml Ahornsirup
1 TL Vanilleextrakt oder Vanillemark
100 ml Bourbon Whiskey

1 Silikonbackmatte oder Backblech, gefettet
1 Küchenmaschine oder Standmixer

für 2 Portionen

Zucker in einem kleinen Topf erhitzen, bis er ganz geschmolzen ist. Dabei den Topf immer wieder schwenken, damit der Zucker nicht anbrennt (aber nicht mit einem Löffel umrühren). Sobald er sich in flüssigen goldenen Karamell verwandelt hat, Pekannusshälften auf einer Silikonbackmatte oder einem gefetteten Backblech verteilen und mit dem Karamell übergießen. Abgekühlte karamellisierte Nüsse in einer Küchenmaschine oder mit dem Standmixer fein hacken und auf einen Teller geben.

Für die Garnitur der hitzebeständigen Gläser Schokolade über dem heißen Wasserbad schmelzen. Glasränder vorsichtig in die geschmolzene Schokolade, dann in den Krokant tauchen und beiseitestellen.

Restliche geschmolzene Schokolade mit Sahne, Milch, Ahornsirup, Vanille und Bourbon in einem Stieltopf sanft erhitzen. Dabei unablässig mit einem Schneebesen rühren.

Heiße Schokolade vorsichtig in die vorbereiteten Gläser gießen, ohne dass dabei der Krokantrand zerstört wird (eventuell einen Trichter zur Hilfe nehmen). Sofort servieren.

Haselnuss-Schokolade

Ein wunderbares Getränk für alle Fans von Nussnougatcreme. Die gehaltvolle, cremige heiße Schokolade wird mit etwas Haselnusslikör aromatisiert und mit gerösteten Haselnüssen bestreut. Haselnusspralinen auf die Sahnehaube setzen und für Kinder einfach den Alkohol weglassen.

100 g Milchschokolade, klein gehackt
500 ml Milch
1 geh. EL Nussnougatcreme (oder anderer Schokoaufstrich)
4–7 EL Haselnusslikör
200 ml Sahne
1 EL Haselnüsse, fein gehackt und geröstet
1 Haselnusspraline, halbiert (z. B. *Ferrero Rocher*, optional)

für 2 Portionen

Schokolade über dem heißen Wasserbad schmelzen.

In einem Stieltopf Milch langsam aufkochen, Temperatur etwas reduzieren und mit einem Schneebesen geschmolzene Schokolade und Schokoaufstrich unterrühren. Topf vom Herd nehmen und Haselnusslikör hineinrühren (damit nicht zu viel Alkohol durch die Hitze verfliegt).

Sahne steif schlagen, heiße Schokolade in zwei Becher füllen und mit einem Löffel eine Sahnehaube aufsetzen. Geröstete Haselnüsse darüberstreuen, nach Geschmack mit einer halben Praline dekorieren und sofort servieren.

Dunkle Chili-Schokolade

Chili und Schokolade mag für manche nach einer feurigen Kombination klingen, aber diese heiße Schokolade ist gar nicht so scharf. Vielmehr verstärkt Chili das Aroma der dunklen Schokolade. Wer will, kann mutigen Gästen dazu selbstgemachte kandierte Chilischoten servieren, wobei der Zuckersirup den Schoten einen Teil ihrer Schärfe nimmt.

100 g Zucker
250 ml Wasser
2–5 frische rote Chilischoten mit Stiel
200 ml Milch
100 ml Sahne
100 g dunkle Chilischokolade, klein gehackt

für 2 Portionen

Für die kandierten Chilis Zucker mit Wasser in einem Stieltopf erhitzen, bis der Zucker ganz geschmolzen ist. Chilischoten mit Stiel hineingeben und 15–20 Minuten im Sirup köcheln lassen, bis sie weich werden und ihre Haut leicht durchscheinend wird. Chilis aus dem Sirup heben, beides beiseitestellen

In einem Stieltopf Milch mit Sahne und Schokolade sanft erhitzen. Dabei unablässig mit einem Schneebesen rühren, bis die Schokolade ganz geschmolzen ist.

Eine der kandierten Chilischoten sehr klein hacken und zusammen mit 1 EL des zur Seite gestellten Sirups in den Topf mit der heißen Schokolade geben. (Die exakte Menge hängt von Ihrem Geschmack und dem Schärfegrad der Chilis ab. Auf jeden Fall zunächst mit einer kleinen Menge anfangen und dann immer wieder probieren.)

Heiße Schokolade in zwei Tassen gießen und sofort servieren. Die kandierten Chilischoten dazu reichen.

Eggnogg mit weißer Schokolade

Meine Freundin Lucy liebt diesen Punsch – ein herrlich altmodisches und darüber hinaus sehr festliches Getränk. Daher serviere ich Lucy zu Weihnachten immer diesen mit weißer Schokolade verfeinerten Eierpunsch und reiche dazu Zimtsterne.

3 Eigelbe
2 EL Zucker
500 ml Milch
100 g weiße Schokolade, fein gehackt
1 TL Zimtpulver
1 Prise Muskatnuss, frisch gerieben
1 TL Vanilleextrakt oder Vanillemark
4–5 EL Rum (oder mehr, ganz nach Geschmack)

für 2 Personen

In einer großen Schüssel Eigelbe und Zucker mit einem Schneebesen zu einer schaumigen, hellen Masse aufschlagen, dann beiseitestellen.

Milch, Schokolade, Zimt, Muskat und Vanille in einem Stieltopf sanft erhitzen. Ständig mit dem Schneebesen rühren, bis die Schokolade geschmolzen ist.

Milchmischung behutsam aufkochen und mit dem Schneebesen in die Eigelbmasse einrühren. (Am besten hilft Ihnen jemand und gießt die Milch nach und nach dazu, während Sie rühren.)

Die Schokomilch darf nicht mehr kochen, sonst könnte das Eigelb gerinnen. Am besten die Mischung zurück in den Topf gießen und sanft erhitzen. Dabei unablässig rühren, bis das Getränk eindickt. Topf vom Herd nehmen und den Rum unterrühren.

Sofort in hitzebeständigen Gläsern servieren oder alternativ abkühlen lassen und eisgekühlt reichen.

Lebkuchen-Schokolade

Ich liebe den Geschmack von Ingwer, daher ist diese heiße Schokolade mit Lebkuchenaroma eines meiner Lieblingsgetränke. Ganz nach Geschmack können Sie dafür Milchschokolade, dunkle oder weiße Schokolade verwenden – jede Kombination schmeckt köstlich. Wer es besonders gut meint, reicht dazu Lebkuchen. Hat man keinen Lebkuchensirup zur Hand, kann man auch Lebkuchengewürz verwenden oder gibt die doppelte Menge Ingwersirup mit etwas Zimt und frisch geriebener Muskatnuss in die Milch.

100 g Milchschokolade, fein gerieben
500 ml Milch
1 Stück in Sirup eingelegter Ingwer + 1 EL des Sirups zum Aromatisieren
1 EL Lebkuchensirup

GARNITUR
frische Schlagsahne
Lebkuchenkrümel

für 2 Portionen

In einem Stieltopf Schokolade mit Milch, Ingwer, Ingwer- und Lebkuchensirup sanft erhitzen. Dabei mit einem Schneebesen unablässig umrühren, bis die Schokolade vollständig geschmolzen ist.

Ingwer entfernen, heiße Schokolade in zwei Becher gießen und mit einer Sahnehaube garnieren. Ein paar Lebkuchenkrümel darüberstreuen und sofort servieren.

Kürbis-Latte

Immer wenn ich meinen Bruder in New York besuche, freut mich die Begeisterung der Leute dort für Kürbis. Auch ich liebe Kürbiskuchen, Kürbismuffins und sogar Kaffee mit Kürbispüree, daher musste ich dieses Rezept einfach hier aufnehmen: genau die richtige heiße Schokolade zum Erntedankfest oder für Halloween.

2 EL Kürbispüree (aus der Dose oder tiefgefroren)
100 g weiße Schokolade, klein gehackt
500 ml Milch
1 Prise Muskatnuss, frisch gerieben
1 TL Zimtpulver
½ TL Ingwerpulver
1 TL Vanilleextrakt

GARNITUR
frische Schlagsahne
Muskatnuss, frisch gerieben

1 Standmixer (optional)

für 2 Portionen

In einem Stieltopf Kürbispüree, weiße Schokolade, Milch und Gewürze sanft erhitzen. Dabei ständig mit einem Schneebesen rühren, bis die Schokolade geschmolzen ist. Wer es besonders cremig mag, schlägt die Mischung danach ein paar Sekunden im Standmixer auf – ich mag es hingegen gern, wenn man die Konsistenz des Pürees noch ein wenig schmeckt.

Gegebenenfalls die Schokolade nochmals zurück in den Topf geben, erneut kurz erhitzen und zum Servieren in zwei hitzebeständige Gläser füllen. Mit Sahnehaube garnieren, etwas Muskat darüberstäuben und sofort servieren.

Pfefferminz-Schokolade

An unserem Weihnachtsbaum hängen immer ein paar rot-weiße Pfefferminz-Zuckerstangen, aber auch für eine heiße Schokolade sind sie eine hübsche Dekoration. Dazu taucht man den oberen Rand der Gläser in die geschmolzene Schokolade und dann in die zerstoßenen Candy Canes mit Minzgeschmack. Das Rezept lässt sich stattdessen auch mit dunkler Schokolade mit Minzgeschmack variieren oder man verfeinert die weiße Schokolade mit einem Tropfen Pfefferminzöl.

4 kurze Zuckerstangen mit Pfefferminzgeschmack (Peppermint Candy Canes)
50 g weiße Schokolade, klein gehackt
100 g Pfefferminzfondants mit Schokoladenüberzug (z. B. *After Eight*)
250 ml Milch
450 ml Sahne

für 2 Portionen

Für die Garnitur der hitzebeständigen Gläser zwei Zuckerstangen in einen Gefrierbeutel geben. Mit einer Teigrolle darüber fahren, um sie zu zerstoßen, dann die Zuckerbrösel auf einen Teller geben.

Weiße Schokolade über dem Wasserbad schmelzen. Glasränder vorsichtig in die geschmolzene Schokolade tauchen, dann den noch feuchten Schokorand in den Zuckerbröseln hin und her drehen. Fertig garnierte Gläser beiseitestellen und restliche Zuckerbrösel zum Dekorieren aufbewahren.

Pfefferminzfondants mit Milch und 250 ml Sahne in einem Stieltopf unter ständigem Rühren mit einem Schneebesen bis zum Siedepunkt erhitzen.

Heiße Schokolade vorsichtig und ohne den Rand zu berühren in die vorbereiteten Gläser gießen (evtl. Trichter zur Hilfe nehmen).

Restliche Sahne steif schlagen und jeweils einen Löffel auf die heiße Schokolade geben. Etwas von den beiseitegestellten Zuckerbröseln darüberstreuen, eine Zuckerstange in jedes Glas stellen und heiß servieren.

Orangen-Schokoladen-Traum

Es vergeht kein Weihnachtsfest, an dem ich nicht meine Lieblings-Orangenschokolade unter dem Baum finde. Deshalb schmeckt diese heiße Schokolade für mich so richtig nach Weihnachten. Die selbst gemachten Orangenmarshmallows eignen sich auch gut als kleines Geschenk.

MARSHMALLOWS

1 unbehandelte Bio-Orange, Schalenabrieb und frisch gepresster Saft (200 ml)
4 TL Gelatinepulver
250 g Zucker, 2 EL Glukosesirup
Lebensmittelfarbe, orange
Puderzucker zum Bestäuben

2 Orangen, frisch gepresster Saft
2 EL feiner Zucker, 500 ml Milch
100 g dunkle Orangenschokolade oder einfache dunkle Schokolade, klein gehackt
4 EL Orangenlikör (z.B. *Grand Marnier*), nach Geschmack

1 Zuckerthermometer
1 Backform, mit Frischhaltefolie oder Silikonbackmatte ausgelegt

für 2 Portionen

Mit den Marshmallows beginnen, da diese vor dem Servieren fest werden müssen: In einer großen Schüssel Gelatinepulver mit einem elektrischen Handrührgerät in 5 EL Orangensaft einrühren.

In einem Topf mit dickem Boden Zucker, Glukosesirup, den restlichen Orangensaft und Orangenschale sanft erhitzen, bis sich der Zucker aufgelöst hat. Temperatur erhöhen und die Mischung aufkochen, bis die Temperatur auf dem Zuckerthermometer 128 °C anzeigt. Topf vom Herd nehmen und bei laufendem Motor des Handrührgeräts die Gelatinemischung in dünnem Faden in die Zuckermasse fließen lassen.

Etwa zehn Minuten weiterrühren, bis die Mischung weiß wird und eine feste, baiserartige Konsistenz bekommt. Ein paar Tropfen Lebensmittelfarbe unterrühren.

Frischhaltefolie oder Backmatte in eine Form legen und mit etwas Puderzucker bestäuben, Marshmallowmasse hineingießen. Mit etwas Puderzucker bestäuben und zwei Stunden im Kühlschrank fest werden lassen.

Marshmallowmasse auf eine glatte Arbeitsfläche stürzen, Frischhaltefolie vorsichtig abziehen. Erneut mit etwas Puderzucker bestäuben und in Würfel schneiden (luftdicht verschlossen bis zu einer Woche haltbar).

Für die heiße Schokolade Orangensaft mit Zucker in einem Stieltopf erhitzen und so lange einkochen, bis der Zucker geschmolzen und ein klebriger Sirup entstanden ist. Milch und Schokolade mit einem Schneebesen unterrühren, bis die Schokolade geschmolzen ist. Topf vom Herd nehmen, Orangenlikör nach Geschmack zugießen und die heiße Schokolade auf zwei Becher verteilen. Marshmallows darauf geben und sofort servieren.

Register